봄날의 시집

슬로우 슬로우

강성은 지음

봄날의 시집

봄날의책

일러두기
　　한 편의 시가 다음 면으로 이어질 때 연이 나뉘면 여섯 번째 행에서,
　　연이 나뉘지 않으면 첫 번째 행에서 시작한다.

시인의 말

슬로우 슬로우
눈 내리는 소리

여름인데
어쩌지

첫눈 오면 만나기로 한 친구들아
녹지 말고
죽지도 말고
우리 여기서 만나자

2025년 8월
강성은

차례

시인의 말 5

1부
소리 나는 시 13
미니멀 라이프 15
낮잠 17
내 곁에 있어줘 19
세계가 불타는데 20
Knocking on Heaven's Door 22
피 묻은 빵 23
물물교환 24
세탁실 26
미친 개가 온다 27
과거가 없는 사람들 28
재생 반복 30
뭇국의 맛 31
출국 32
자두가 너무 많다 34
불행 중 다행 36

2부

별일 없습니다 이따금 눈이 내리고요 39

큐브 42

소우주 44

F/W 46

안녕히 가세요 48

F/W 50

예외 없음 52

대기실 53

사람이 떨어지는 소리 54

놀이공원 55

겨울에 갇힌 한 남자에 대하여 57

개를 데리고 다니는 여자 59

모든 것이 끝나기라도 한 것처럼 60

설명서 없음 61

말년 운은 말년이 되어야 알 수 있다 62

미귀가 64

병원 65

당신 집의 모든 것 66

3부

혼자 사는 집 69

흰 냄새가 나는 식탁 71

그것 72

네 집으로 가 74

당신은 계속 멈춰 있다 76

우리는 알 수 없는 이유로 78

태풍의 눈 80

지붕 없는 집 82

물속의 여름 83

밤의 가시광선 84

동전의 빛 85

매립지 86

구덩이 88

창가의 유령 89

과수원 91

눈보라 92

발문

이토록 하염없이 반복되는 꿈속에서 황인찬 93

1부

소리 나는 시

한밤중 당근을 먹다가
문득 멈춘다
당근을 씹는 경쾌한 소리

말들은 당근을 먹을 때
얼마나 요란한 소리를 낼까

여름밤 선풍기 소리
겨울 유리창이 어는 소리
잠의 문이 열리는 소리
밤이 흰 상복을 입는 소리

내가 열일곱 살이었을 때
스물이었을 때
서른일곱이었을 때
다시 아홉 살 마음으로 돌아가던 소리

시에도 소리가 있다면
이런 것일까

당근을 씹는
고요한 밤

가만히 들어보다가
멈추었다가 다시

미니멀라이프

무인 세탁소에서 누군가의 이불이
무인 카페에서 음악이
무인 제과점에서 밀가루와 버터와 설탕이
무인 정육점에서 어제 죽은 동물이
무인 부동산에서 무너진 집들이
무인 도로 위에 식물들이
무인 책방에서 글자들이
움직이고 있다
인간 없는 곳에서
인간 없이도

버린 것과 잊어버린 것들이
움직이고 있다

모든 것을 버리기로 한 너는 현관문을 열고
집 안의 물건을 하나씩 밖으로 옮긴다
나를 잘못 쓴 원고처럼 구겨서 던진다

무인 자동차가 나를 치고 지나간다
무인 우주선이 꿈의 궤도를 돈다
나는 나로부터 점점

이제 여긴 아무도 없네요

나는 비로소 숨을 쉬어본다
손톱과 모발이 해변의 잡초들처럼 자라난다

낮잠

아직도 여기가 익숙치 않아서
잠에서 깨어나면
나는 울음을 터트리기 직전의 기분

말없는 창백한 사물들이
나를 알아볼 때까지
기다려야 한다

낮잠에서 깬 아이가
느닷없이 서럽게 우는 건
세상이 아직 익숙치 않아서라는데

잠들기 전의 세계와
눈을 뜨고 난 후의 세계가
서로 다른 방향으로 천천히 미끄러져 간다

황급히 눈을 비빈 사람들이
머리를 감고 가방을 들고 어디론가 간다

그곳도 어제와는 다른데

따뜻한 음식을 먹다가
고장 난 기계처럼
뼈만 남은 채로
맞은편 거리를 본다

약국 앞 줄지어 서 있는
파리한 사람들
모두 울음이 쏟아지기 직전의 뒷모습

아직도 여기
있습니까

내 곁에 있어줘

 문을 열고 들어온 할머니는 두고 간 것이 있다고 중얼거린다 그게 뭐냐고 물어도 답이 없다 할머니는 귀가 좀 먹었고 팔과 다리가 성치 않고 사람을 잘 알아보지 못한다 성치 않은 걸음으로 이 방과 저 방의 문을 열어보며 중얼거린다 어디에 있을 텐데 어디에 있는 거지 그게 뭐냐고 물어도 답이 없다 여기엔 할머니가 찾는 것이 없어요 여전히 그대로인 낡은 가구들과 가전제품들이 있지만 할머니가 두고 간 귀한 것은 없어요 할머니의 물건들은 이제 거의 남아 있지 않다 물건들을 왜 버렸냐고, 내가 돌아올 걸 몰랐냐고 하면 뭐라고 답해야 할까 돌아가신 할머니가 돌아올 줄은 꿈에도 몰랐어요, 정말, 말해도 될까 옷장과 서랍을 열어 손으로 쓸어보는 할머니의 등뒤에서 망설인다 할머니가 쌀독을 열자 쥐들이 쏟아져 나온다 천장 한 귀퉁이가 툭 터지고 쥐들이 떨어져 내린다 집 안은 쥐들로 득시글거린다 할머니는 망연한 표정으로 눈물을 쏟는다 할머니가 찾는 게 도대체 뭔데, 뭔데 그게! 고함을 지르자 할머니가 고개를 돌려 나를 바라본다

세계가 불타는데

어느 해에는 사람들이
여자들의 머리채에 불을 질렀고
다음 해에는 여자들이
스스로의 머리채에 불을 질렀다

불은 쉽게 꺼지지 않는다
불은 여자들을 태우고 그다음 해에는 모두를 태웠다
그래도 꺼지지 않았다

사람들은 불에 타 죽은 줄 모르고
자꾸만 자기 머리채에 불을 질렀다

이상하게 몸이 차갑구나
불을 피웠는데 너무 빨리 꺼져서
머리를 잘랐는데 순식간에 길어져서
알 수 없는 일들이 자꾸 일어나서
춥고 불타는 세계가 동시에 펼쳐져서

쇼핑을 하다가 공중으로 떠오르고
밥을 먹다가 울음을 터트리고
수영장에서 투명해지는 몸을 보고는 어쩔 줄 모르고
불이 붙은 커튼을 걷으며

이렇게 추운데 불이 났을 리가 없지
오들오들 떨며 침대 속으로 다시 들어간다
얼음장 같은 이불을 덮는다

이상하게 몸이 차갑구나
세계가 불타는데 아직도 너무 춥구나

세계가 불타는데
세계가 불타는데

Knocking on Heaven's Door

하느님이
잠자는 사람들의 머리통을 하나씩 두드린다

똑똑

좋은 소리가 나면

들어가도 될까요

눈빛이 스치기만 해도 쩍 갈라지는

한밤중 내 머리 위에서

문밖에는 또 누가 문을 부서져라 두드리고

피 묻은 빵

피 묻은 빵을 먹는다
입속에 피가 고인다
피가 되고
살이 되는
피 묻은 빵을 먹는다
누군가의 죽음
누군가의 삶
배가 고프다
먹어도 배가 고프다
시계가 멈춘 것도 아닌데
내일이 오지 않고
아무리 먹어도 사라지지 않는 빵
동네마다 빵집이 많고
아름다운 빵들이 진열된 환한 상점의 문을 열고 들어가면
사람들이 한 바구니씩 빵을 담고
값을 지불한다 피 묻은 빵의 값
뱀파이어는 피를 얼마나 많이 먹어야 할까
뱀파이어도 아닌데
나는 피 묻은 빵을 먹는다
입속에 피가 고인다
누구의 피일까
이토록 익숙한 맛은

물물교환

빌려준 가위를 받으러 갔다 가위가 없으니 칼을 가져가시오
그가 칼을 내밀었다

빌려준 닭을 받으러 갔다 닭이 없으니 오리를 가져가게
냉장고에서 죽은 오리를 꺼내고

빌려준 장화를 받으러 갔다 장화가 없으니 슬리퍼를

차가 없으니 수레를

시계가 없으니 나침반을

시간이 없으니 지폐를

미래가 없으니 과거를

모두 벽장 속에 넣었다

겨울이 되자 아궁이에 넣었다
굵은 불이 겨울 내내 꺼지지 않고 타올랐다

봄이 오자 누군가 내 집 문을 두드렸다

아무것도 없으니 나를 가져가시오

그사이 많이 상했군

그는 나를 두고 갔다
받을 게 없다는 듯

세탁실

 빨래 더미에서 손이 나왔다 놀랄 만한 일은 아니었다 빨래 더미 속에는 옷이 많고 주머니가 많고 계절이 바뀔 때마다 주머니 속에 있던 지폐나 돌멩이를 발견하기도 하는 것이다 지난겨울 내내 외투 주머니 깊숙이 찔러 넣었던 얼어붙은 손 꺼내는 것을 잊었을 뿐이다 손은 아직도 얼어 있었다 손안에 쥔 무언가도 얼어 있었다 낯선 생물을 보듯 물끄러미 쳐다보다가 손을 집어 찬물에 담가두었다 겨울 빨래를 세탁기에 넣고 돌렸다 한동안 옷장 속에 있었던 두꺼운 옷들 주머니 속에 더 나올 만한 것들이 있을지 모르지만 뒤져보지 않았다 손이 물속에서 더 차가워지고 쭈글쭈글해지고 있었다 내 몸에 붙어 있던 것이라고는 믿을 수 없이 막 태어난 신생아처럼 나는 물속의 손을 꺼내 지문이 희미해질 때까지 비누로 빡빡 씻어 햇볕에 말렸다

미친 개가 온다

 미친 개를 조심해라 이것은 우리들의 암호였는데 어디에나 미친 개가 있어 죽은 엄마가 말할 때면 비밀스러운 기분이 뭉개져 버렸다 러시아로 떠난 친구가 보내준 건 알아들을 수 없는 러시아 가수의 노래 이 노래에도 암호가 숨어 있을까 열심히 귀 기울였지만 가수의 숨소리만 더 생생해졌다 검은 물과 흰 물과 투명한 물을 번갈아 마시고 나면 밤이 왔다 한밤중 옷걸이에 걸린 외투는 동네 산책이라도 나갔다 올 것처럼 내가 잠들기를 기다리고 있었다 잠이 오지 않았다 사람들은 미친 개가 오는 줄도 모르고 아침을 맞고 따뜻한 죽을 먹는다 침을 흘린다 편지를 불태우고 일기장을 찢고 지팡이를 휘두른다 유언장을 쓰다 말고 창문을 거울인 줄 알고 뚫어지게 쳐다본다 거기엔 아무도 없다 텅 빈 하늘만 있다 죽을 병에 걸린 친구를 만나러 갔다 병실에 누운 친구가 반갑게 말했다 저기 봐 미친 개가 온다 미친 개가 우리들 뒤로 바짝 다가섰다 미친 개는 너무 앙상해서 우리는 그만 웃음을 터트리고 말았다

과거가 없는 사람들

문 닫기 직전의 술집에서
우리는 나가기 싫어 미적거리고 있었다
폭설과 한파가 도시를 집어삼키는 밤
위스키병을 든 반팔 차림의 남자가 들어왔다
열이 많아서 겨울에도 늘 반팔 차림이라는 남자의 말에
주인장은 끄덕이며 웃었지
가게 안의 공기가 그의 열로 조용히 데워지는 기분이었다
잠바를 벗고 코트를 벗고
목에 두른 머플러를 내려놓고
몸에 땀이 나는 것 같아
우리는 더욱더 미적거리고
밖은 마티 펠론파와 스티브 부세미가
오들오들 떨면서 담배 피울 것 같은 날씨
음악이 꺼지고
셔터를 내리고
우리는 미적거림을 멈추어야 했는데
불 꺼진 어두운 거리
북풍이 휩쓸고 간 폐허 위에 서 있었다
어디로 건너가시나
주인장이 묻자
1999년으로 갑니다
알 수 없는 말을 하며

남자가 손을 흔들며 저편 골목으로 사라지는 걸 보았다
그의 겨드랑이에 낀 술병에는
술이 줄지 않고
1999년의 겨울을 떠올려보아도
기억이 나지 않아
영영 도달하지 못할 미래처럼
우리는 미적거리며
불 꺼진 오래된 거리에 서 있었다

재생 반복

사촌은 감기에 걸려 생을 마감했다 그의 얼굴이 기억나지 않는다 빨래를 세탁기에 돌리고 널고 마른 옷을 개는 동안 어제 듣던 음악이 또 흘러나오고 창밖은 고요하다 폭설이 내리고 있는지도 모르지만 어제 시끄럽게 복도를 뛰어다니던 아이들이 오늘은 유령처럼 지나간다 그사이 오랜 시간이 지났는지도 모르고 나는 밥을 조금 먹고 잠을 많이 자느라 기억나지 않는 많은 것들이 재생되고 있는 것을 모른다 어디선가 나쁜 냄새가 난다 이 냄새를 기억한다 불안의 냄새 뉴스에는 비슷한 옷을 입은 비슷하게 생긴 남자들이 계속 나온다 전쟁이 난 줄 알았는데 사람들이 모두 거리에 있다 감기에 걸린 줄 알았는데 무서운 병이었다고 한다 또 겨울이다

뭇국의 맛

서울식 소고기뭇국을 먹는 경상도 사람은 경상도식 소고기뭇국을 먹는 서울 사람의 입맛을 이해할 수 있을까

경상도식 소고기뭇국을 먹는 서울 사람은 서울식 소고기뭇국을 먹는 경상도 사람의 마음을 이해할 수 있을까

말없이 국을 먹는
일요일 저녁

둘은 서울에 있다

들판에서 무가 자란다

출국

아이들은 가본 적 없는 나라의 수도를 외웁니다
언젠가 가볼 수 있을지도 모르지만

나는 더 많은 나라를 압니다
모두 어디에 있는지는 모르지만

엄마는 천국을 가장 그리워합니다
사랑하는 사람들이 모두 그곳에 있다고

늘어났다가 줄어들었다가
잠겨서 가라앉았다가 사라진
땅에 농부가 씨를 뿌리고 밀과 콩이 자라나고

밀밭과 콩밭이 산과 언덕과 계곡과 바다가
집들과 빌딩과 공장과 병원이
불타고 있어요

아무도 멈추지 않습니다
엄마는 천국에 가고 싶어 합니다

잠든 사이
조용히 천국으로 불길이 번지지 않도록

내가 아는 모든 것이 사라지지 않도록
엄마는 기도를 멈추지 않습니다

덕분에 우리 모두 갈 수 있습니다

자두가 너무 많다

 외할아버지는 커다란 은색 통을 메고 과수원을 돌아다니며 자두나무에 약을 쳤고 경운기 가득 자두 상자를 실었다 자두는 그의 자부심이었는데 나의 냉장고 속에서 썩어간다

 자두는 썩으면 검어지고 나는 자두를 먹다가 더 이상은 못 먹겠어 씽크대에 탁자에 그대로 내버려두다가 벌레가 꼬이고 여름 내내 날벌레가 집 안을 날아다니고 자두잼을 만들어도 믹서기에 갈아 주스를 만들어도 다 못 먹고 여름 내내 나의 냉장고는 포화 상태이므로

 먹어야 한다 그러나 나는 단것을 좋아하지 않아 단물이 흐르는 것은 더더욱

 자두나무는 그가 죽은 후에도 아주 오랫동안 살 것인데 그러므로 자두는 여름마다 내게 도착할 것이다 죽은 사람이 기른 아주 굵고 싱싱한 자두가 여름이면 냉장고에도 실내에도 베개에도 잠 속에도

 사람이 나무가 된다면 과수원은 점점 더 소란스러워지고 내 집에도 과수원이 생겨나고

 약을 치려고 통을 멘 사람이 나인 것처럼 어깨가 무겁고

대체 왜 나는 이 넓은 과수원에서 혼자 여름을 견디고 있는 것인지

　과수원에는 할아버지가 너무 많다 약을 치려고 보면

불행 중 다행

꿈에서는 식구가 많았다
깨어보니 혼자였다
옷장 깊숙이 신문지로 싸둔 나프탈렌처럼
흔적도 없다
겨울에는 겨울옷을
여름에는 여름옷을
차곡차곡 개어 넣는다

2부

별일 없습니다 이따금 눈이 내리고요

눈이 내린다 여름인데……
아
아직
소설 속이구나

러시아 소설
무진장 내린다
어쩌지
그러다
잠이 들었다

일어나 점심을 먹고
기차를 타고 국경을 넘었다
사람은 보이지 않고
멀리 지붕 위에 닭이 세 마리
계절이 바뀌지 않고
자장가처럼 눈이 내린다
기차가 눈 속에 파묻힌다
어쩌지
잠이 들었다

전화벨이 울린다
나는 손을 뻗어 전화기를 든다
물이 뚝뚝 떨어진다
엄마가 별일 없냐고 묻는다
그럼요 별일 없어요
내 발은 아직
눈 속에 묻힌 기차에 있다고
말하지 않는다

여름과 겨울이
엄마와 내가 목소리들이
허공의 손과 눈 속의 발이
멀어졌다 다시 가까워진다
가까워졌다 다시

저녁에는 뭇국을 먹고
등장인물이 없는
무인도를 걸었다
셀 수 없이 많은 무인도
무인도에는 무인도의 여름이 있고 겨울이 오고
러시아와 다를 게 없다

눈이 내린다
문장들이 흩어진다
마트료시카처럼 점점 작아지는
이야기가 어디로 가는지
이야기는 끝나지 않고
내일은
한번도 가본 적 없는데
어쩌지

큐브

밤에 산책을 할 때면 죽은 개가 따라온다 어쩌면 죽지 않은 개인지도 모르지만
개의 유령이 멍멍 짖는다
고로 나는 존재한다

봄이 오거나 가을이 와도
줌 화면 속 28명의 얼굴들
여름이 오거나 겨울이 와도
그들은 각자의 큐브 속에 있다

일정은 취소된다
약속 시간도 약속 장소도 약속한 사람도
약속한 신도 약속한 죽음도

정원의 이끼들이 자란다 난폭하고 고요하고 축축하게
거리에 사람들이 쏟아져 나왔다 일순간 사라진다
태양이 사라지지 않고 비가 그치지 않고
공포와 불안과 절망이 제멋대로 건반을 두드린다
나무에 매달린 과일은 영원히 익지 않는다
영화 속 사람들처럼 큐브를 벗어나지 못한다

나는 가끔 죽었다 살아난다
큐브 속에서
너무 오래 앉아 있다 책상의 유령처럼

나무를 흔들어 떨어뜨린 과일을 마구 삼키다
다시 뱉는다
고로 존재한다 나는

소우주

지구는 점점 작아지고 있는데
아무도 모른다
서울도 북한산도 한강도
버스를 타고 집으로 돌아오는 밤길도
집 앞 공원도 전봇대도 계단도
아주 천천히 작아지고 있다

어린 시절
아버지라는 세계가 사라지자
어머니라는 세계가 전부였던 것처럼

너라는 세계가 사라지고
나라는 세계만 남았지

지금 여기는
내가 알았던 전부의 일부

사라진 세계가 사라진 줄도 모르고
사라질 세계가
돌고 돌고 돌아
점이 되고 있다

.
.

멀어져

이제 보이지 않는 것들이
내가 아는 전부가 되고 있다

F/W

가을엔 편지를 쓰다 말고
넷플릭스를

친구들의 얼굴 위로 낙엽들이 마구 덮였고

겨울 내내 넷플릭스를 봤다

소비에트가 나오는 미국 드라마

귤과 책과 담요가 있던 겨울을 지나

잃어버린 장갑과 잃어버린 사람이 재가 된 겨울을 지나

눈 쓸고 보일러 켜고 수면양말 신고

이 우울한 시대를 패러다이스처럼*

이 패러다이스를 우울한 영화처럼

넷플릭스를 본다

북구에는 눈이 내리고

여기도 내리고
화면 속에서도 내리고

끝이 없다 넷플릭스는

인간은 도대체 몇 번 정도의 겨울을 알고 있을까**

질문한다

넷플릭스는

인간은 도대체

봄이 오면

인간의 얼굴을 지겹도록

넷플릭스처럼

* 김수영, 「거대한 뿌리」.
** 다니카와 슌타로, 「네로」 "인간은 도대체 몇 번 정도의 여름을 알고 있을까"를 변용.

안녕히 가세요

달력을 넘겼다

어서 오세요

반기는 것 같아
달력을 넘기고 또 넘기고

어서 오세요
마스크를 쓴 사람들이 줄을 서서
천막 속으로 들어간다
줄은 길고 기다리던 사람들이 픽픽 쓰러지고

어서 오세요
재난과 안전이 번갈아 수신되고

어서 오세요
누군가 여전히 밭에 씨를 뿌리고 있다
봄이 올 때가 한참 지났다는 것을 알고도

어서 오세요
없어진 레코드점 앞에서 누군가를 기다리는 사람이 있다
노래는 사라지지 않고 입속을 맴돌고

어서 오세요
봄이 오지 않는다는 걸 모두가 아는데

어서 오세요
몸에서 물이 뚝뚝 떨어지고
나는 얼음처럼 녹는다

어서 오세요

어느 날 심란한 꿈에서 깬 나는
여느 때처럼 현관문 앞에 있는 종이 신문을 가져왔다
불행한 페이지와 행복한 페이지를 넘겨도
죽은 사람들과 웃는 사람들을 넘겨도
오후가 오지 않았다
파란 하늘이 유난히 맑았는데

F/W

검은 외투와 검은 구두가 필요했다
봄가을 여름 겨울
모두

검은 옷이 많아져
나중엔 검은 옷만 입고 다니는구나
알게 되고

창밖으로 눈이 내리고

우산도 쓰지 않고
순서도 차례도 지키지 않고
황급히
어디론가
바쁘게

우물쭈물하다가

차를 끓였다
텔레비전을 켰다

돌을 던지고 세계를 끝내는 사람이
울고 있었다

우는 사람을 남겨두고
다음 세계가 바로 시작되었다

벽에 걸린 그림 속의 여자는 창밖을 보고 있었는데
오늘은 나를 본다

창밖엔 무언가
무서운 것이 있는 것 같다

예외 없음

 식당에서 틀어놓은 뉴스 소리가 너무 커서 너의 목소리가 들리지 않는다 폭격으로 가자 지구의 병원에 있던 모두가 죽었다고 한다 우리는 숟가락을 든 채로 텔레비전을 본다 신이 너무 많은 사람들을 죽이고 있다 생선에 레몬즙을 뿌리고 살을 바른다 너는 심각한 표정으로 말한다 들리지 않는다 선한 사람과 악한 사람에 대해 세계가 하나 될 수 없음에 대해 너는 말한다 들리지 않는다 기자는 병원 앞에 서 있다 폭발음이 들리고 폭발음이 또 들린다 귀를 막고 싶은데 신이 총을 들고 있어서 나는 두 손을 들고 있다 모두 죽을 것이다

대기실

　대기실에 앉아 있었다 차례를 기다리고 있었다 텔레비전이 켜져 있었다 테이블 위에 잡지가 쌓여 있었다 사람들이 멍하니 기계적으로 시간을 한 장씩 넘기고 있었다 이따금 벽에 걸린 시계를 보았다 대기실에 있던 많은 사람들이 하나씩 불려 갔다 불려 간 사람들은 돌아오지 않았다 한낮의 대기실이 한밤의 대기실로 바뀌고 있었다 창밖을 보고 싶었는데 사방이 벽이었다 내 이름이 불리지 않았다 내 이름을 불렀을지도 모른다 거기 잘 도착했어요? 문자가 도착했다 어디에 도착한 걸까 조용히 시간이 지나가고 있었다 잠자코 기다리다 모두가 사라진 텅 빈 대기실을 본다 문득
　나 무에 들어간다
　영 원 한
　나
　무

　잘 도착했어요

사람이 떨어지는 소리

 잠결에 쿵 소리를 들었다 잠 밖에서 난 소리인지 잠 속에서 난 소리인지 알 수 없고 새벽 4시는 더 누워 있기에도 일어나기에도 애매한 시간 조용히 방문을 닫고 주방으로 나와 식탁에 앉아 물 한 잔을 마셨다 어제는 평범했다 아무 일도 일어나지 않았다 어디선가 또 쿵 소리가 났고 창문을 열어보니 사람들 몇이 모여 있었고 구급차와 경찰차가 불빛을 번쩍이고 있었고 여자의 신음이 들리는 듯했다 여자는 내가 잠든 우리집 옥상에서 아래로 뛰어내린 것이다 여자가 실려 가고 사람들이 흩어지고 고요해질 때까지 베란다에 서 있었다 여자가 누워 있던 자리를 보다가 다시

 침대에 누웠다
 무슨 일 있어?
 내 옆에 돌아누운 사람이 뒤척이며 말한다
 아무 일도 없어
 괜찮아?
 그럼
 그는 다시 잠든다
 아무 일도 없다 오늘 우리가 잠든 집 위에서 떨어진 여자가 있었을 뿐 죽었는지 살았는지 모르는 여자가 있을 뿐 내일 혹은 모레 다시 우리 위로 올라가 아래를 내려다보며 골똘히 생각에 잠길, 우리와 무관한 여자가 계속해서 쿵쿵 소리를 낸다 평범한 날인데 특별할 것도 없는 날인데

놀이공원

 엄마를 잃어버렸다 손을 잡고 있었는데 사람들이 많았고 집회가 열리는 것도 아닌데 축제에 온 것도 아닌데 엄마가 아이처럼 신나서 달려나갔다 치매도 아닌데 여기가 천국이라도 되는 듯 나는 식은땀이 났다 엄마는 엄마처럼 생긴 작고 구부정한 알록달록한 나들이복을 입은 수많은 엄마들 사이에 있을 것만 같고 인파를 헤치고 엄마, 엄마, 엄마 부르자

 엄마를 잃어버렸구나
 처음 보는 얼굴들과 아는 얼굴들이
 모두 엄마의 얼굴로 돌아봤지만
 엄마는 어디에도 없고

 해가 저물도록 놀이공원을 맴돌고 있다

 내가 아니라 길이 움직이고 있는 것이라면
 길이 아니라 시간이 움직이고 있는 것이라면
 시간이 아니라 놀이공원이

 나를 여기 데려다놓은 것이라면
 엄마는 어디로 데려갔을까

한여름에 태어났지 엄마는
여긴 내가 태어난 캄캄한 겨울

그 자리에 가만히 멈추어 있으면
누군가 올 것이다

겨울에 갇힌 한 남자에 대하여

외투를 잃어버린 남자는
외투에 대한 생각에 사로잡혀
외투 없이
겨울에 갇혔다

나는 여름에 남자를 생각했다
외투를 빌려주었다면
그는 여기서 밝고 환하게 웃고 있을까
귀뚜라미 소릴 들으며
부질없이
생각했다

외투 없이 겨울을 보낸다는 걸
나로서는 상상할 수 없었기에
이따금 중얼거렸다

지금이라도 내 외투를 빌려가지 않겠어요?

아무 답도 없이
혹한의 겨울이 닥친다면
나는 그만 얼음이 되고 말겠지만

그 겨울이 오기 전에
내 장롱 속 어딘가에 있을 것만 같은
그의 외투를 찾으려고
밤을 지새다가 문득

누구나 겨울을 위하여 한 개쯤의 외투는 갖고 있으리라*
믿어야 한다
중얼거렸다

잃어버린 외투를 찾는 사람들이
한꺼번에 길 위에 쏟아져 나올 때

* 기형도, 「조치원」 "누구나 겨울을 위하여 한 개쯤의 외투는 갖고 있는 것".

개를 데리고 다니는 여자

 개를 끌고 산책하는 여자가 있다 여자가 서성일 때면 개가 여자를 끌고 어디론가 간다 공원의 텅 빈 운동기구들이 삐걱거리며 움직인다 연못 근처 인부들이 바위의 녹을 닦아내고 있다 바위에 앉아 물속에 잠긴 얼굴을 바라보는 사람이 있다 모과나무 아래 긴 장대를 들고 나뭇잎을 따는 사람이 있다 그 사이를 가로질러 사라지는 쥐들이 있다 개가 짖는다 먹구름이 몰려온다 소나기가 내리자 모두 흩어진다 개는 여자를 끌고 집 앞에 당도한다 집에 들어가기 싫어 버티던 여자는 힘센 개에게 끌려 집으로 들어간다 집에 불이 켜진다

모든 것이 끝나기라도 한 것처럼

매일 그는 뭔가를 잃어버렸다 그의 외투 주머니에는 구멍이 나 있다 작은 구멍이 큰 구멍이 되는 사이 단추와 반지와 동전과 돌멩이, 설탕과 소금, 칼과 손수건, 기억나지 않는 많은 것들이 주머니에서 빠져나갔다 그는 매일 걸었다 무거운 가방을 들고 지하철을 타고 시장에서 쌀과 과일을 사고 공원을 걷고 불 꺼진 가로등 아래 잠시 서 있다 다시 걸었다 걸으며 수많은 것들을 길 위에 떨어뜨렸다 가끔 세상이 망해버렸으면 해 하지만 네가 죽지는 않았으면 좋겠다, 라고 쓰여진 편지를 받은 적 있다 보내지 못한 답장 대신 그는 걷는다 구멍이 숭숭 나 있는 그의 몸을 바람이 통과해 간다 그가 떨어뜨린 것들을 남김없이 쓸고 간다 매일 그가 아는 세계의 일부가 사라진다 사라지고 나서도 세계는 사라지지 않는다 잃어버린 것은 돌아오지 않는다 어느 날 그가 바닥을 드러낸 주머니에 무언가를 넣고 나면 이어서 2부가 시작된다

설명서 없음

손금이 없는 사람이 송곳을 들고 손바닥을 판다
얼음처럼 깊고 단단한 바닥
따뜻한 피가 흐르면 얼음을 녹일 텐데
얼음이 녹으면 길이 생길 텐데
나는 어디서 왔을까
사람인줄 알았는데 나는
송곳을 든 사람이 얼음이 녹길 기다린다
재물선을 팠는데 생명선이 길어지고 있다

말년 운은 말년이 되어야 알 수 있다

말년 운이 좋다는데
말년이 오려면 아직 멀었다
말년 운은 말년에 온다

말년 운은 어디에선가 서성이며
지루하게 내가 늙기를 기다리거나
아주 먼 곳에서 아주 느리게 전속력으로 기어오고 있을 것이다

엄마는 나를 천사라고 불렀지만
빈 어항과 빈 화분과 빈 얼굴은 이 집에 천사가 없다는 흔적
낮에도 물속처럼 어두운
엄마는 말년 운도 없다

나는 시간을 가로지르지 않고 나쁜 공기 속을 날아가지 않고
무거운 먹구름을 머리에 이고
천천히 걷고 걷고 걷고 뒤로도 걷다가
때로는 발이 사라져 무릎으로 걷는다

말년에 이르기까지 살아서
우리는 만날 것이다

따뜻한 손과 차가운 손이 맞잡으면
온기와 냉기 중 어느 것을 나눠 가질까

미귀가

빈방에 잠이 짐처럼 쌓여가고
발 디딜 곳이 없어 여자는 문을 열었다 다시 닫는다

알람이 울리면
퇴근길이 출근길이 되고

길을 잃은 것도 아닌데
모르는 골목으로 들어갔다가 아는 골목으로 나온다
골목과 골목 사이
알다가도 모르겠는 시간이 흐르고

짐보따리 하나를 든 여자가 잠옷 차림으로
서울역 앞에 서 있다

겨울 바람이
한밤중 흰 새들을 마구 떨어뜨린다

새들을 밟고 손을 호호 불며
막차를 타려고 사람들이 뛰어간다

병원

방이 많은 집에는 비밀이 많다
식탁 위에는 그릇이 많고 수저가 많고 냄비에는 남은 국이 없고
맨밥을 말없이 삼키는 사람이 있고

갑자기 이르게 내리는 눈
모두 창문에 붙어 서서 하늘을 본다

비밀이 많은 사람은
11월의 눈사람처럼 어리둥절하게

복도에는 흰 그림자
계단에는 구멍난 담요
좁고 밝고 두르고 납작한 방으로 돌아간다

욕실에는 뿌연 거울 맨발
밤이면 누가 죽거나 죽기 직전

비밀이 많은 발이
오늘의 양식을 전해주러
카트를 끌고 정해진 시간에 방마다 문을 연다

당신 집의 모든 것

 그는 집에서 태어났지만 집에서 죽을 수는 없었다 가족들은 그가 집에 머무는 것을 반대했다 그가 집에서 죽는 것을 반대했다 죽은 그가 한밤중에 소리를 지를까 봐, 죽은 그가 여전히 밤마다 무언가 하려고 할까 봐, 죽은 것도 산 것도 아닌 그가 집을 떠나지 않을까 봐, 알 수 없는 침묵이 비 내리게 하고 집안 공기를 싸늘하게 하고 층간소음으로 이웃을 괴롭힐까 봐, 폴터가이스트로는 해명되지 않는 그 모든 것을 반대했다 그의 삶과 죽음 모두를 반대했다

 그가 죽기 전 간절히 원했던 것은 집에서 죽는 것뿐이었는데
 죽고 나서 간절히 원하는 것은 집을 떠나는 것뿐이었다
 가족들은 그를 두고 이사했다

 오늘 병원에서 태어난 아이가
 집으로 향하고 있다

 모두가 반대하는 일이 계속 일어나고 있다

3부

혼자 사는 집

여름이 되자 이웃의 누군가 우리집 마당 한 귀퉁이
바다로 이어지는 길을 이용해도 되겠냐고
그러라고 했더니
다음 날부터 사람들이 몰려들었다
평상을 펴고 수영복을 입고 모래찜질을 하고
마당이 자꾸 넓어지는 것 같고
아는 동생이 거기서 음료를 팔아도 되겠냐고 하고
그러고 보니 바다가 너무 가까이 있고

여름을 닫고 싶어 나는
대문을 잠가버릴까 하고
커다란 자물쇠를 사 왔는데
문에 걸지는 못하고

이 집의 주인은 나인데
여름의 주인은 아닌 것 같고

바다가 내 집을 통과해야 나온다는 걸
미처 모르고 있었다

바다는 계속 그곳에 있는데
미처 모르고 있었다

겨울이 얼마나 긴 지
바다가 얼마나 사나운지

아무도 없는 겨울 바다를
나 혼자 보고 있다

흰 냄새가 나는 식탁

　가족들이 식탁에 둘러앉아 있다 모두 눈을 감는다 무엇을 먹을까 무엇을 마실까 염려하지 말라 아이는 궁금하다 눈을 떠도 음식은 보이지 않는다 음식은 하얀 천으로 덮여 있다 하얀 천 아래 무엇이 있을까 하느님이 주신 것 살며시 손 내밀어 식탁보를 들추려 할 때 거센 손이 아이의 손을 후려친다 기도는 산산조각 난다 사방에서 무서운 침묵이 아이를 노려본다 식사는 시작하기도 전에 중단된다 희고 고요한 천 아래 보이지 않는 오늘의 양식은 오늘도 아이에게 오지 않는다 모두가 눈을 감고 있다

그것

포크로 감자를 으깬다
더 이상 으깰 수 없을 때까지 으깨다 보면
부드러워져 있다

그것은 이제 죽처럼 보인다

그 부드러운 것을 먹으면
왜 목이 막히는가

목이 막히는데도
꾸역꾸역 밀어 넣는다

마음은 더 이상
으깨어질 수 없을 때까지 으깨어지고도
다음 날이면 다시
잘 삶겨진 감자의 형태로

마음은 더 이상
으깨어질 수 없을 때까지 으깨어지고 흘러내려도

냉동실 아래 칸 컴컴한 곳에 두면
다시 투명하고 딱딱한
얼음의 형태로

으깨고 으깨고 으깨도
다시 생겨나는

감자처럼 부드럽고 얼음처럼 차가운 것

네 집으로 가

너는 문을 닫는다
나는 어리둥절한 기분으로
다시 아홉 살이 된 기분으로
뒤돌아서 나온다
이 도시엔 내가 모르는 길이 무수히 많고
걷다 보면 어딘가 도착할 것 같다
내려가는가 하면 올라가고
올라가는가 하면 내려오는 계단이 있고
밤처럼 깊은 웅덩이가 있고
웅덩이에 빠진 발이 부어오르고
절룩이며 네 집에서 멀어지는 동안
건물들은 계속해서 자라나고
제임스웹은 외계 행성의 새로운 사진을 전송하고
사람들의 마음에는 구멍이 나서 비가 새고
잠과 물속에 갇힌다

오늘밤 이 도시에서
가출한 사람은 몇이나 될까

오늘밤 이 도시에서
쫓겨난 사람은 몇이나 될까

오늘밤 이 도시에서
집이 없는 사람은 몇이나 될까

오늘밤에도 집 없는 아이들이 태어나고
원하지도 않았는데 가족이 생긴다

원하지도 않았는데
문밖에 있다 나는

당신은 계속 멈춰 있다

드라마를 보다가
주인공들이 모두 죽어버렸다

다음 시즌을 보면
모두 살아 있어

누가 태엽을 감아주었을까

한 덩이 세탁비누가 사라지다가 다시 뭉쳐질 때까지
교복에 묻은 피를 지우고 있는 소녀에게도

밤의 도로 위에서 벌떡 일어나
오토바이를 찾는 배달원에게도

벽장 속에 숨어 있는 부끄럼이 많은 유령들에게도
오래도록 태엽을 감아주고 싶은데

어느 날 아침 현관문을 열면 내가 아홉 살 때 잃어버린 장난감이
 문 앞에 도착해 있어
 (어디 갔다 왔니)
 마치 어제 집을 나갔다 돌아온 것처럼 반겨준다

태엽을 감는 손
태엽 감기를 잊은 손

생각에 빠졌다
한 아이가 다른 아이가 되는 동안

우리는 알 수 없는 이유로

 여기서 사람 놀이를 한다 우리가 사람이야 말하지 않고 너도 사람이니? 나도 사람이지? 묻지 않고 의심에 휩싸여 거울 속에 손을 집어넣고 휘휘 젓고 손가락을 입으로 가져가 맛을 본다 이만하면…… 사람이구나 인간의 표정은 이렇게

 쓸쓸하구나 가끔은 천사와 악마가 햄릿과 오필리어가 엄마와 아빠가 선생님이 친구가 내 양손을 잡고 양발을 당기고 걸음을 옮긴다 나는 한없이 길어지는 팔 꿈속으로 입수하면 수심을 헤아릴 수 없이 깊어지는 밤 꿈 밖으로 나오려고 버둥거리면 내 양발을 잡고 달아나는 밤 미치거나 미치지 않거나 어차피 사람도 아닌데 생각하다가 술을 마시면 잠깐

 사람이 된 것 같아 인간이 적성에 맞는 것 같아 그러나 이 놀이는 이제 그만두고 싶다 너에게도 사람이냐고 묻지 않으려고 한다

  우리가 로봇이라면
  우리가 사물이라면
  우리가 유령이라면
  우리가 인간이라면

거울 밖에서
알 수 없는 이유로

태풍의 눈

그것은 고양이가 아니었는지도 몰라
잠이 오지 않던 밤 k는
바람 소리에 귀를 기울이다 생각했다

그는 매일 오후 사료와 물을 마당에 두었다
아침에 일어나 보면 그릇은 말끔히 비워져 있었다

이웃의 류가 죽고 난 후
집 나간 고양이 때문에 한 일이었다

고양이의 수명은 기껏해야 십여 년이라는데
류가 죽은 지 십 년도 넘었는데
누굴까 매일 밤 그릇을 비우는

k는 주섬주섬 옷을 입고 마당으로 나가보았다
어둠 속에서 그릇 앞에 도사리고 있는
고양이라고 하기엔 크고 사람이라고 하기엔 작아 보이는
형체

k는 살금살금 뒤돌았다
다시 이불 속으로 들어가 눈을 감았다

아무러면 어떠한가
누군가는 먹고 있는 것이다

k가 얼마 남지 않은
자신의 인생에서 빠트린 것을 헤아리는 사이
태풍이 지나갔다
너무 고요해서
잠든 k는 눈치채지 못했다

지붕 없는 집

 칠판은 암호로 빼곡하다 소년들이 연필을 쥐고 있다 소녀들이 지우개를 들고 있다 아무 말 없이 자라고 있다 선생님이 돌아오지 않는다 하늘에서 오물이 떨어지고 있다 새처럼 교실로 날아온다 창문에 금이 간다 아이들의 얼굴로 오물이 떨어진다 공기가 희박해진다 천천히 아이들이 자라고 있다 도낏자루가 썩는다 소년들은 쓰고 소녀들은 지우고 선생님은 아이들을 배달 오토바이에 실어 집으로 보낸다 부모들은 아이들을 다시 학교로 돌려보낸다 오늘도 아이들은 학교에 있다 칠판에는 별들이 숨겨져 있고 소년들이 썼던 것을 지우는 사이 소녀들은 지운 것을 다시 그려본다 지도에서 몇 개의 다리가 끊어진다 강물이 흘러 넘쳐 도시와 집들이 떠내려간다

물속의 여름

 우리는 아주 큰 집에 산다 마당을 밭이라고 부른다 마늘도 담배도 수박도 자란다 족제비도 살고 쥐도 살고 지렁이도 벌도 산다 할머니는 바늘 수십 개를 허리춤에 넣고 다닌다 아픈 사람들이 찾아오면 배에 바늘을 꽂고 달군 숯으로 엉덩이를 찌른다 아픈 아이가 되기 싫어서 나는 웃는다

 사람들과 사물들이 잠을 자면 마당으로 나간다 이웃들도 모두 잠이 들었다 동네가 고요하고 컴컴하다 멀리 가지도 않았는데 돌아오는 길을 자꾸만 잃는다

 아빠는 뒷산에서 내 슬리퍼를 주워 온다 엄마가 내 발바닥을 살펴본다 발바닥에 피가 굳어 있다

 철길에는 교과서와 생리대와 고무장갑이 버려져 있다 아이들이 밟고 지나간다 철길 너머에는 하천이 흐르고 죽은 사람도 떠내려온다 나는 몇 번이나 물속 깊이 가라앉는다 누가 자꾸 밀어 넣는다

 집에 도착하면 한밤중
 사람들과 사물들이 언제 깨어나는지
 나는 모른다

밤의 가시광선

 저수지에 낚시를 갔다 삼촌과 사촌동생들과 한나절을 앉아 있어도 물고기는 잡히지 않고 작고 투명한 새우들이 모여 들었다 나는 새우를 하나씩 잡아 검은 비닐 봉지 속에 넣었다 물가에서 조금만 들어가면 아주 깊은 물이 있어 새우를 향해 발을 내밀면 삼촌은 화를 냈다 두 발을 담그면 더 많은 새우들이 모여들 텐데 일요일의 해가 지는 줄도 모르고 새우를 잡았다 삼촌은 물고기를 거의 잡지 못했다 그래서 화가 난 것일지도 모른다 삼촌은 나를 저수지에 버리고 가겠다고 했다 나는 영원히 새우 잡는 사람으로 저수지에서 살고 싶다고 잠시 생각했는데 집으로 돌아와 보니 새우는 죽어 있었다 물에 넣으면 다시 살아날지도 모르는데 엄마는 새우를 버렸다 모두가 잠든 밤이 되면 저수지에 새우들이 점점 많아진다 나는 어두운 물속에 두 발을 넣는다 매일 내가 모르는 곳으로 미끄러져 간다 알 듯 모를 듯 미래가 빛을 일렁이며 다가온다 거기선 모두 살아 있고 어떤 노래든 부를 수 있다 긴 여름방학이 끝나지 않는다

동전의 빛

동전 하나를 찾으려고
아이들이 운동장 모래를 헤집고 있다
버드나무에서 송충이들이 후두둑 떨어진다

음악실에서 누가 피아노를 치고 있다
구름과 제트기가 공중에 멈춰 있다
동네 고양이들이 나무 위에 모여 잠을 자고 있다

해 질 무렵 아이들을 데리러 온 노인들이
등에 붙은 송충이를 하나씩 떼준다

고양이들이 잠을 자던 버드나무 위에
박쥐들이 하나둘 날아와 거꾸로 매달린다

모래 속에 잠겨 있던 아이 하나가
어둠 속에 잠겨 혼자 집으로 간다
등뒤로 손을 뻗어본다
손이 닿지 않는 곳
송충이가 아직 거기 있는 것 같다
집 앞 하수구에 동전을 던진다

매립지

쓰레기를 버리고 버리고 버리고
아무리 버려도 계속 나와요

할머니는 쓰레기를 백 년 넘게 버렸다는데
아직도 쓰레기가 나오는구나 얘야
집 앞에도 쓰레기가 쌓여서
밖으로 나갈 수가 없구나

숨만 쉬어도 쓰레기가 나오는데
할머니를 구하려면 밖으로 나가야 하는데

집 밖에는 거대한 쓰레기 산이 점점 커져가고
어디선가 쓰레기를 반대하는 집회가 열린다

사람들은 이제 집 밖으로 나오지 못하고
집으로 들어가지도 못하고
자신이 쓰레기 산의 일부인지 아닌지 알지 못한 채

쓰레기를 버린 지 얼마나 되었나요
글쎄 내 나이가 몇이었나
 머리를 긁적이는 사람들 모두 커다란 쓰레기봉투를 들고 서 있다

어디로 가야 하는지 몰라
쓰레기차가 오길 기다리고 있다

하느님 거기 계신가요
설마
여기 계신가요
아무렴
거기 계시겠죠

할머니는 기도를 멈춘다
이제 어쩔 수 없구나 애야

도시의 새들이 활발하게 아침을 시작하는데
할머니를 구하러 가야 하는데
쓰레기차가 오지 않는다

구덩이

 집으로 돌아가는 길에 우리는 구덩이를 피하라는 말을 들었다 그것은 며칠 사이 새로 생긴 것으로 마을 사람 여럿이 구덩이에 빠졌다고 했으며 그중 하나는 영영 돌아오지 못했다고 했다 마을 사람들 모두가 삽을 들고 구덩이를 덮었으니 안심하라는 말도 들었다 우리는 분명 집으로 돌아가는 길이었는데 기쁨을 감추고 길을 살피며 조심조심 걸었다 거리는 어두워졌고 이따금 가로등이 아무도 없는 길 위를 비추고 있었다 구덩이도 그 무엇도 없었다 구덩이가 생기면 덮고 덮고 덮었을 것이다 그럼에도 구덩이는 생겨나고 생겨나고 생겨나서 우리는 구덩이가 없어도 깊숙한 곳에 자꾸만 발이 빠지곤 했다 저 멀리서 아이를 잃은 집들이 환히 불을 밝히고 있었다 금세 닿을 것 같아 우리는 캄캄한 길에 알 수 없는 밤에 구덩이에 누가 빠지는 줄도 모르고 서둘러 발을 내밀었는데

창가의 유령

눈 쌓인 건물 옥상들
눈 녹은 지상
작은 집들 작은 정거장 작은 나무 아래 작은 사람들이
작은 버스를 타고 사라지고

빛 같은 것이 눈 같은 것이
골목 안 그늘에 서 있는 아주 작은 사람 위로 떨어진다
아주 작은 사람은 골목을 아주 천천히
들어갔다 나왔다 하며
어디로도 가지 못하고

자세히 보니 여자 같다
자세히 보니 눈사람 같다
자세히 보니 사람이 아닌 것 같다

혼자 두고 싶지 않아서
계속 본다
자세히 본다

신발을 잃어버려서
그 자리에 계속 서 있다

그가 내 쪽을 올려다본다

과수원

 과수원에 사과가 이렇게 많이 달렸는데 왜 과자를 사 먹냐고 할아버지가 호통을 쳤다 사과를 먹어야 한다 과수원에 달린 사과는 모두 몇 알일까 한꺼번에 다 먹어 없애버리고 싶다 할머니는 아무도 모르게 나를 광으로 데려가 장에서 사 온 과자 꾸러미를 내민다 어두운 곳에서 숨죽이고 웨하스를 먹는다 벽 속에는 지네가 있고 지붕에는 쥐가 있다 입가에 묻은 부스러기를 털고 광에서 나와 다시 사과를 먹는다 사과는 맛있다 사과는 맛없다 사과는 맛이 있는지 없는지 모른다 사과는 너무 많다 과수원은 넓고 온종일 따도 그대로다 사과를 다 따기도 전에 가을 태풍이 온다 무서운 소리로 비바람이 쏟아진다 마당에 물이 차고 길들이 사라지고 돼지가 떠내려간다 사과나무가 쓰러지고 사과가 다 떨어진다 할아버지는 운다 할머니도 운다 사과가 썩는다 과수원은 더럽고 악취나는 시궁창이 된다 태풍이 지나가고 할아버지와 할머니는 사과나무를 일으켜 세운다 태양이 과수원과 죽은 사람들 머리 위에 내려앉는다 다음 해에도 그 다음 해에도 사과가 달린다 사과는 푸르다 매일 과수원이 넓어진다 매일 사람들이 죽는다 매일 나는 어쩌면 생겨 나와 이 이야기 듣는가* 매일, 어쩌면, 듣는가, 나는, 이 이야기, 생겨, 나와, 듣는가, 그 후로도, 아주, 오래 오래, 오래

  * 김소월, 「부모」.

눈보라

도로 한가운데 자동차들로 둘러싸여
앞이 보이지 않는다

모두 달려가던 채로
정지해 있다

죽은 사람에게는 자동차가 필요 없다는 생각이 문득
가야 할 곳이 있다면 그건 산 사람의 일

아무도 타지 않은 자동차들이
가야 할 곳이 있기라도 한 것처럼

길을 잃고 서 있다
눈보라 속에 있다

발문

이토록 하염없이 반복되는 꿈속에서

그것은 우리가 깨어나서 보게 되는 것

가끔 그런 꿈을 꾼다. 모든 것이 처음 보는 것인데, 그 모든 것이 익숙하게 여겨지는 꿈. 처음 보는 사람과 친근하게 이야기하고, 알지 못하는 장소에서 편안함을 느끼는 꿈. 강성은의 시를 읽는다는 것은 그런 꿈을 꾸는 일과 같다. 그런데 꿈이란 본디 현실을 비추는 거울이자 미래를 예견하는 창이어서 이 낯설고도 익숙한 꿈의 풍경이 우리를 생생한 현실로 끌어올리고야 만다.

그의 시에는 버려진 것들, 때에 맞지 않아서 낯설고 어색한 것들이 자주 등장한다. "버린 것과 잊어버린 것들이 / 움직이고"(「미니멀라이프」), "잠들기 전의 세계와 / 눈을 뜨고 난 후의 세계가 / 서로 다른 방향으로 천천히 미끄러져"(「낮잠」) 가는 식이다. 이러한 세계를 두고 저해상도의 『Lo-fi』와 같은 것이며, 『단지 조금 이상한』 것이라는 시인의 명명은 탁월하고도 정확한 표현이라 할 수 있겠다.

꿈을 통해 현실을 끌어올리고, 불분명한 세계를 그 불명확성 자체로 정확하게 표현하는 것. 일견 모순되는 말처럼 여겨지기도 하지만 이것이야말로 강성은의 시가 가장 잘하는 일이다.

어느 해에는 사람들이
여자들의 머리채에 불을 질렀고
다음 해에는 여자들이
스스로의 머리채에 불을 질렀다

불은 쉽게 꺼지지 않는다
불은 여자들을 태우고 그다음 해에는 모두를 태웠다
그래도 꺼지지 않았다

(…)

이상하게 몸이 차갑구나
세계가 불타는데 아직도 너무 춥구나
─「세계가 불타는데」 부분

여자들의 머리는 불타오르고, 그 불은 세계로 번져나간다. 세계는 이미 불타오르고 있는데 몸이 너무 차갑고 또 너무 추워서 이 세계가 불타오르고 있다는 실감을 도무지 느낄 수 없다. 이 모순된 장면이야말로 우리 삶에 대한 가장 선명하고 실감 나는 재현이다. 여성에 대한 억압과 폭력으로 표상되는 세계의 거대한 폭력이 결국 우리를 집어삼켜 버렸으며, 우리는 그 안에서 그것이 무엇인지도 제대로 모르는 채로 살아가고 있는 것이다. 나에게 이 표상은 은유라기보다는 오히려 실재 그 자체로 느껴진다. 매 순간 뉴스를 통해 전해지는 참담한 소식들은 우리의 세상이 이미 말 그대로 불타고 있음을 알려주고, 우리는 그것을 차가운 음료 따위를 마시며 바라보고 있으니 말이다.

이처럼 그의 시는 우리 세계의 끔찍함을 주시한다. 가자 폭격을 알리는 뉴스에 너의 목소리가 들리지 않게 된다(「예외 없음」)는 식으로 아주 구체적으로 현실을 지시하기도 하고, 때로는 개인적인 차원으로 전유하여 고독한 유년의 형상을 통해 은유의 방식으로 드러내 보이기도 한다. 강성은의 시는 가장 꿈 같고 환상 같은 순간조차 현실에 대한 강렬한 의식 아래 출발하고 있는 것이다.

그러므로 강성은 시의 가장 큰 미덕을 꼽으라면 바로 이 도저한 정직성과 정확함을 들어야 하리라. 그의 시에서 꿈이란 현실에 존재하지 않는 허구를 가리키지 않는다. 현실의 언어가 포섭할 수 없는 현실을 드러내기 위해, 우리가 자각하지 못하는 현실을 가까스로 감각할 수 있는 것으로 만들기 위해 꿈이 개입하는 것이다.

그것은 잠시 잠들었다 깨어난 사람의 귓가에 맴도는 노래 같은 것

또 가끔 그런 꿈을 꾼다. 불온한 꿈에서 깨어나 안심하고 보니 여전히 꿈속이라는 것을 알게 되는 꿈. 몇 번이고 다시 깨어나도 꿈속에서 빠져나오지 못하는 꿈. 꿈은 현실의 반복이지만, 동시에 꿈 자체를 반복하는 과정이기도 하다. 꿈은 이미 끝났거나 취소된 것을 누차에 걸쳐 불러들인다. 그것을 악몽이라고 불러도 좋을까? 강성은 시에서 그려지는 꿈과 환상은 반복되는 악몽처럼 그려지기도 하는데("꿈속으로 입수하면 수심을 헤아릴 수 없이 깊어지는 밤 꿈 밖으로 나오려고 버둥거리면 내 양발을 잡고 달아나는 밤", 「우리는 알 수 없는 이유로」) 도무지 빠져나올 수 없다는 점에서 우리의 현실은 일종의 악몽 같은 것일지도 모른다. 강성은의 시가 폐색된 현실에 대한 정직하고 정확한 재현임을 생각한다면 그의 시에서 악몽의 이미지가 반복적으로 나타나는 것 또한 당연한 일이라 볼 수 있겠다.

그리고 나는 그의 시에 나타나는 반복(꿈)을 조금은 다른 방향으로 넓혀 이해하고 싶다. 나에게 강성은 시에서 나타나는 반복은 벗어날 수 없는 참혹을 초극하고자 하는 발버둥이자 처절한 기원으로 읽힌다.

어서 오세요
마스크를 쓴 사람들이 줄을 서서
천막 속으로 들어간다
줄은 길고 기다리던 사람들이 픽픽 쓰러지고

어서 오세요
재난과 안전이 번갈아 수신되고

어서 오세요
누군가 여전히 밭에 씨를 뿌리고 있다
봄이 올 때가 한참 지났다는 것을 알고도

어서 오세요
없어진 레코드점 앞에서 누군가를 기다리는 사람이 있다
노래는 사라지지 않고 입속을 맴돌고
　　　　　　　　　　　　　　　　－「안녕히 가세요」 부분

　어서 오세요, 라는 말이 반복되는 동안 바란 적 없고 초대한 적 없는 재난이 우리 삶을 뒤덮기 시작한다. 이 또한 우리가 이미 잘 알고 있는 모습이다. 팬데믹을 통과하며 우리 삶의 형태는 이전과는 전혀 다른 모습으로 바뀌었고, 그 과정을 통해 혐오와 차별의 메커니즘이 어떤 식으로 인간을 구분하고 배치하는지 절실하게 경험했다. 그러한 현실을 마주하며 건네는 '안녕'과 어서 오시라는 환영은 역설적인 자조가 되는 동시에 아무도 바란 적 없는 재난을 강조하는 효과적인 대비점이 된다. 그런 점에서는 앞서 이야기한 현실에 대한 정직하고 정확한 재현과 궤가 닿노라 말할 수 있으리라.

　그런데 이 말을 반복하는 동안 시는 시점을 옮겨가며 그 재난 속에서 다음을 꿈꾸는 이들을 그리기 시작한다. 봄이 올 때가 한참 지났는데도 여전히 봄이 오리라 믿으며 밭에 씨를 뿌리는 사람이 있고, 이미 없어진 레코드 가게에서 누군가를 기다리며 사라지지 않는 노래를 부르는 사람이 있다. 봄이 오지 않는다는 걸 알고 있는데도 "몸에서 물이 뚝뚝 떨어지고 / 나는 얼음처럼 녹는다". 어서 오세요, 라는 말이 반복되는 동안 재난의 풍경은 희망의 풍경으로 뒤바뀌려 하는 것이다. 마치 기도를 하듯이, 그리고 그 기도가 오래 사람들의 입을 떠돌며 노래가 되듯이, 강성은 시가 그리는 저 반복은 우리 삶을 구하고자 하는 기도가 되는 것이다.

그것은 지독한 고독 속에서도 함께하고자 한다는 것

꿈이란 그런 것 아니겠는가. 꿈에서는 낮 동안 이루지 못한 바람이 반복되어 다시 그려지고, 그 소망의 불가능을 확인하듯이 비슷하지만 조금은 다른 장면들이 반복되어 나타나기도 한다. 그런 점에서 꿈의 반복은 현실 개변의 불가능성을 반증하는 슬픈 거울이라고도 할 수 있을 터이다. 소망이 강력하다는 것은 그 소망이 현실적으로는 이루기 어려운 일임을 뜻하니까.

한편 그것은 현대시가 처한 난국이기도 하다. 시는 불가능한 미래, 가닿은 적 없는 미래를 꿈꾸는 일이지만 고작 시 한 편이 할 수 있는 일은 거의 없을 따름이며, 그 사실은 누구보다 시인 자신이 잘 알고 있다. 그러므로 시인에게 시 쓰기란 일말의 죄책감이 수반되는 일이 될 수밖에 없다. 그런데도 시인이 시를 쓰는 까닭은 무엇일까.

자세히 보니 여자 같다
자세히 보니 눈사람 같다
자세히 보니 사람이 아닌 것 같다

혼자 두고 싶지 않아서
계속 본다
자세히 본다

―「창가의 유령」 부분

그 까닭은 바로 여기에 있다. 고통받는 저 사람을 "혼자 두고 싶지 않"다는 것. 반복되는 꿈과 환상은 우리의 현실적 불능을 확인하게 하는 고통스러운 일일 따름이지만, 그럼에도 우리는 꿈꾸기를 멈추지 않는다. 저기 홀로 있는 누군가가 있기 때문이다. 그 사람을 혼자 둘 수 없어서, 시인은 자꾸 그를 생각하고 자꾸 그를 꿈꾸며 그린다.

여기서 중요한 것은 "계속 본다"는 것, 그리하여 하나의 대상이 자꾸 새로워진다는 데 있다. 동일한 존재가 '여자'처럼 보이다가 '눈사람'처럼 보이다가 결국 "사람이 아닌 것 같다"는 데까지 이르는 저 반복은 존재가 결국 인간과 점차로 멀어진다는 점에서 이 세계의 참혹을 더욱 정교하게 바라보는 일이 되지만, 한편 이 시가 주시하는 타자의 범주가 점차 넓어지는 일이 된다.

강성은의 시가 그리는 꿈과 환상의 반복은 정말 독특한 경지에 도달해 있어서, 이처럼 세계의 참담함을 분명하게 폭로하는 일이 되는 동시에, 그 비참함 속에서 고통받는 우리를 적극적으로 끌어안고 손 내미는 환대와 연대가 되기도 하는 것이다. "세계가 불타는데 / 세계가 불타는데"(「세계가 불타는데」)라고 시를 끝맺을 때, 그것은 세계가 불타고 있다는 현실을 강력하게 지시하지만, 반복되는 결구가 어쩐지 씁쓸하고 슬프게 느껴지는 까닭은 그것이 마치 누군가를 위해 대신 울어주는 애도처럼 느껴지기 때문이리라. "오늘밤 이 도시에서 / 가출한 사람은 몇이나 될까 // 오늘밤 이 도시에서 / 쫓겨난 사람은 몇이나 될까 // 오늘밤 이 도시에서 / 집이 없는 사람은 몇이나 될까"(「네 집으로 가」)라는 반복 또한 마찬가지다. 헤아릴 수 없이 많은 이들이 고독한 자리에 던져져 있음을 가리키는 저 문장을 통과하며 우리는 시인과 더불어 저 "가출한 사람", "쫓겨난 사람", "집이 없는 사람"들에 대한 연민을 느끼지 않을 수 없다.

폭로이면서 환대인 것, 환상이면서 지독한 현실인 것, 무력함을 알면서도 끊임없이 손을 뻗어 결국 우리가 함께하도록 만드는 것. 그것이 강성은 시에서 드러나는 꿈의 반복이 만들어내는 놀라운 시적 마술이다.

가끔 그런 꿈을 꾼다. 꿈속에서 아무것도 할 수 없다는 것을 깨닫고야 마는 꿈. 아름답고 놀라운 풍경이 하염없이 펼쳐지는데 기쁨도 슬픔도 내 손 너머에 있음을 절감하는 꿈. 그걸 아름다운 것이라 불러도 좋을까. 이 슬프고 어긋난 것을 아름답다고 말해도 좋을까. 강성은의 시를 읽으며 자주 하는 생각이다. 그러나 아무리 세계가 끔찍한 것이라 하더라도, 그 세계 속에서 우리가 함께할 수 있다는 바람, 그 마음을 손에 꼭 쥐고 놓지 않는 저 태도를 아름답다고 부르지 않을 수 없겠지. 자꾸 애를 쓰는 사람, 안 된다는 것을 알면서도 포기하지 않고 계속 말하고자 하는 사람, 부서지고 깨진 언어로라도 말하고자 하는 사람, 차라리 함께 참담함 속에 놓이자고 기꺼이 말하는 사람, 이런 사람을 사랑하지 않을 수 없겠지. 우리가 강성은의 시를, 그리고 시인을 힘껏 사랑하는 까닭 또한 바로 거기에 있다.

황인찬(시인)

지은이 강성은

2005년 문학동네 신인상을 통해 작품활동을 시작했다. 시집『구두를 신고 잠이 들었다』『단지 조금 이상한』『Lo-fi』『별일 없습니다 이따금 눈이 내리고요』, 소설『나의 잠과는 무관하게』 등을 냈다.

슬로우 슬로우

초판 1쇄 발행　2025년 8월 29일
초판 2쇄 발행　2025년 9월 29일

지은이　강성은

발행인　박지홍
편집장　강소영
편집　남지은
디자인　전용완

발행처　봄날의책
등록　제311-2012-000076호(2012년 12월 26일)
주소　서울 종로구 창덕궁4길 4-1, 401호
전화　070-4090-2193
메일　springdaysbook@gmail.com

제작　세걸음

ISBN 979-11-92884-45-5 03810

이 책은 서울특별시, 서울문화재단 2021년 창작집 발간 지원사업의
지원을 받아 발간되었습니다.

표지 그림은 고지영 작가의 〈무제〉(oil on canvas, 33 × 40.9 cm, 2024)입니다.